škola - escuela		2
cesta - viaje		5
doprava - transporte		8
mesto - ciudad		10
terén - paisaje		14
reštaurácia - restaurante		17
supermarket - supermercado		20
nápoje - bebidas		22
jedlo - comida		23
farma - granja		27
dom - casa		31
obývačka - sala		33
kuchyňa - cocina		35
kúpeľňa - cuarto de baño		38
detská izba - habitación de los niños		42
šatstvo - ropa		44
kancelária - oficina		49
hospodárstvo - economía		51
povolania - oficios		53
náradie - herramientas		56
hudobné nástroje - instrumentos musicales		57
ZOO - zoo		59
šport - deportes		62
aktivity - actividades		63
rodina - familia		67
telo - cuerpo		68
nemocnica - hospital		72
urgentný prípad - urgencia		76
Zem - tierra		77
hodiny - hora(s)		79
týždeň - semana		80
rok - año		81
tvary - formas		83
farby - colores		84
protiklady - opuestos		85
čísla - números		88
jazyky - idiomas		90
kto/čo/ako - quién / qué / cómo		91
kde - dónde		92

Impressum
Verlag: BABADADA GmbH, Nedderfeld 112 , 22529 Hamburg
Geschäftsführer / Verlagsleitung: Harald Hof
Druck: Books on Demand GmbH, In de Tarpen 42, 22848 Norderstedt

Imprint
Publisher: BABADADA GmbH, Nedderfeld 112 , 22529 Hamburg, Germany
Managing Director / Publishing direction: Harald Hof
Print: Books on Demand GmbH, In de Tarpen 42, 22848 Norderstedt, Germany

škola
escuela

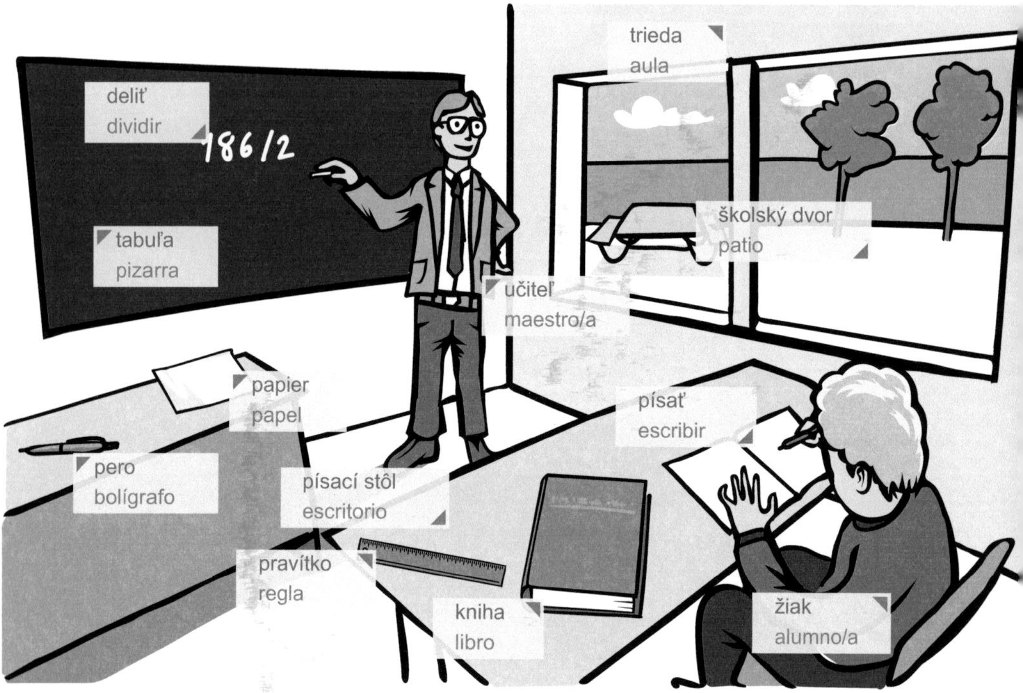
trieda
aula
deliť
dividir
186/2
tabuľa
pizarra
školský dvor
patio
učiteľ
maestro/a
papier
papel
písať
escribir
pero
bolígrafo
písací stôl
escritorio
pravítko
regla
kniha
libro
žiak
alumno/a

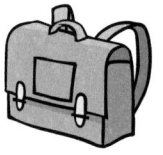

školská taška

cartera

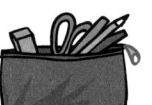

peračník

caja de lápices

ceruza

lápiz

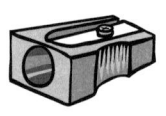

strúhadlo na ceruzky

sacapuntas

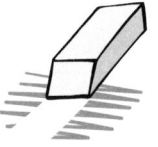

guma

goma de borrar

skicár

cuaderno de dibujo

kresba

dibujo

štetec

pincel

vodové farby

caja de pinturas

nožnice

tijeras

lepidlo

pegamento

cvičný zošit

cuaderno de ejercicios

domáca úloha

deberes

číslo

número

sčítať

sumar

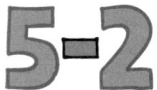

odčítať

restar

násobiť

multiplicar

počítať

calcular

písmeno

letra

abeceda

alfabeto

hello

slovo

palabra

text

texto

čítať

leer

krieda

tiza

hodina

lección

triedna kniha

cuaderno de notas

skúška

examen

certifikát

certificado

školská uniforma

uniforme escolar

vzdelanie

educación

encyklopédia

enciclopedia

univerzita

universidad

mikroskop

microscopio

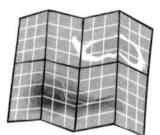

mapa

mapa

kôš na papier

papelera

cesta
viaje

hotel
hotel
nocľaháreň
albergue
ROOMS
EXCHANGE
zmenáreň
oficina de cambio de divisas
kufor
maleta
auto
coche

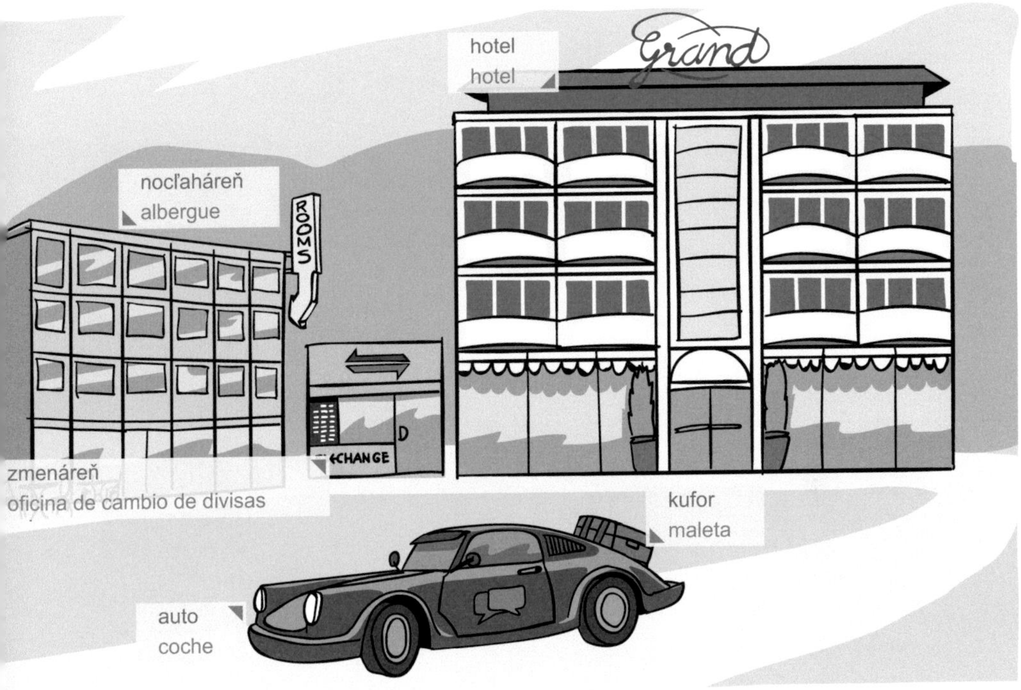

jazyk

idioma

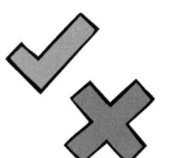

áno/nie

sí / no

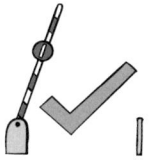

v poriadku

Vale

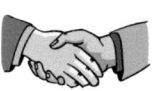

ahoj

hola

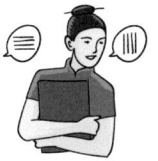

prekladateľ

traductor

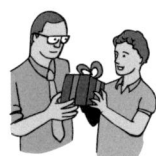

ďakujem

Gracias

Koľko stojí ... ?

¿cuánto es…?

Nerozumiem

No entiendo

problém

problema

Dobrý večer!

¡Buenas tardes!

Dobré ráno!

¡Buenos días!

Dobrú noc!

¡Buenas noches!

Dovidenia

adiós

smer

dirección

batožina

equipaje

taška

bolsa

batoh

mochila

hosť

invitado

izba

habitación

spacák

saco de dormir

stan

tienda de campaña

informácie pre turistov

información turística

pláž

playa

kreditná karta

tarjeta de crédito

raňajky

desayuno

obed

almuerzo

večera

cena

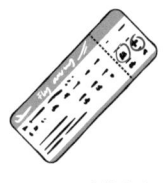

cestovný lístok

billete

výťah

ascensor

poštová známka

sello

hranica

frontera

clo

aduana

veľvyslanectvo

embajada

vízum

visa

cestovný pas

pasaporte

doprava
transporte

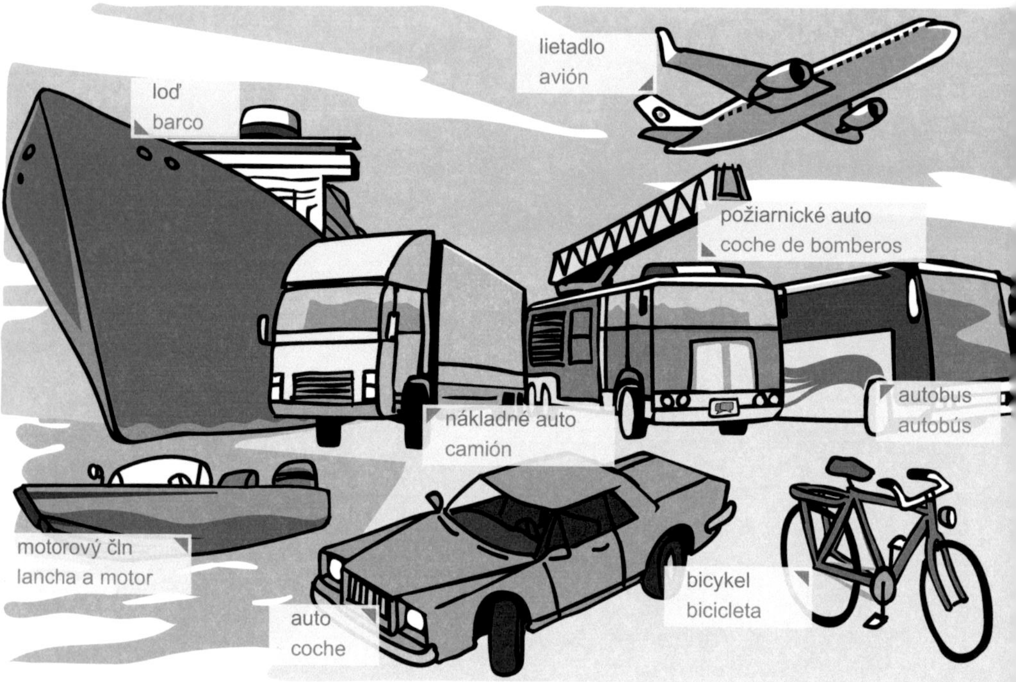

lietadlo
avión
loď
barco
požiarnické auto
coche de bomberos
nákladné auto
camión
autobus
autobús
motorový čln
lancha a motor
bicykel
bicicleta
auto
coche

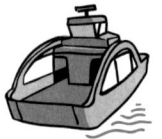

trajekt

transbordador

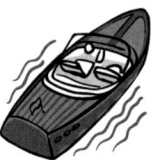

loď

barca

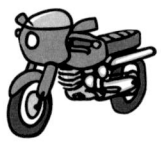

motorka

moto

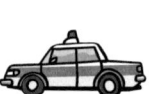

policajné auto

coche de policía

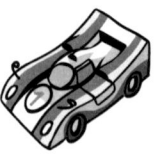

pretekárske auto

coche de carreras

vozidlo z požičovne

coche de alquiler

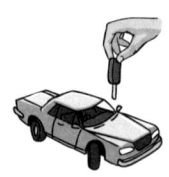

carsharing

préstamo de vehículos

odťahové auto

grúa

smetiarske auto

camión de la basura

motor

motor

benzín

gasolina

čerpacia stanica

gasolinera

dopravná značka

señal de tráfico

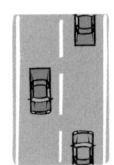

premávka

tráfico

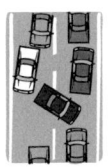

zápcha

atasco

parkovisko

aparcamiento

vlaková stanica

estación de tren

trate

vías

vlak

tren

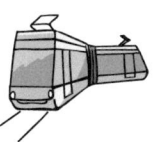

električka

tranvía

vagón

vagón

helikoptéra

helicóptero

letisko

aeropuerto

veža

torre

pasažier

pasajero

kontajner

contenedor

kartón

caja de cartón

vozík

carretilla

kôš

cesta

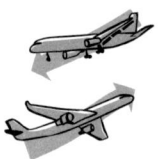

štartovať / pristáť

despegar / aterrizar

mesto
ciudad

dedina

pueblo

centrum mesta

centro de ciudad

dom

casa

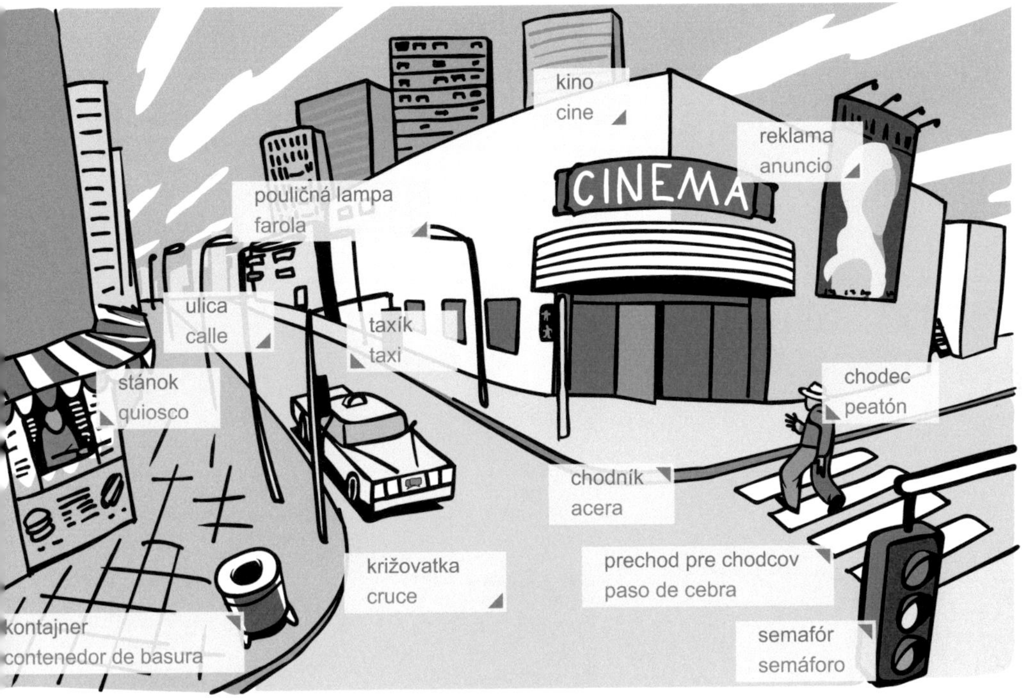

kino
cine
reklama
anuncio
CINEMA
pouličná lampa
farola
ulica
calle
taxík
taxi
stánok
quiosco
chodec
peatón
chodník
acera
križovatka
cruce
prechod pre chodcov
paso de cebra
kontajner
contenedor de basura
semafór
semáforo

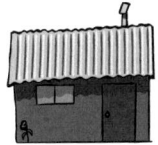

chata
cabaña

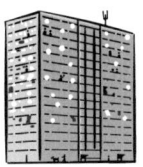

byt
apartamento

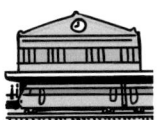

vlaková stanica
estación de tren

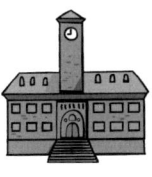

radnica
ayuntamiento

MUSEUM
múzeum
museo

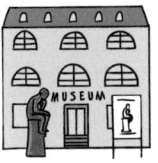

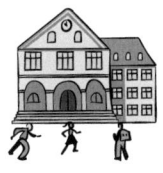

škola
escuela

univerzita

universidad

banka

banco

nemocnica

hospital

hotel

hotel

lekáreň

farmacia

kancelária

oficina

kníhkupectvo

librería

obchod

tienda

kvetinárstvo

floristería

supermarket

supermercado

trh

mercado

obchodný dom

grandes almacenes

obchodník s rybami

pescadería

nákupné stredisko

centro comercial

prístav

puerto

mesto - ciudad

park

parque

lavička

banco

most

puente

schody

escaleras

metro

metro

tunel

túnel

autobusová zastávka

parada de autobús

bar

bar

reštaurácia

restaurante

poštová schránka

buzón

tabuľa s názvom ulice

poste indicador

parkovacie hodiny

parquímetro

ZOO

zoo

plaváreň

piscina

mešita

mezquita

farma
granja

znečisťovanie životného
prostredia
contaminación

cintorín
cementerio

kostol
iglesia

ihrisko
patio de juego

chrám
templo

terén
paisaje

list
hoja

smerová tabuľa
señal

cesta
camino

lúka
prado

kameň
piedra

turista
excursionista

strom
árbol

rieka
río

tráva
hierba

kvet
flor

dolina

valle

kopec

colina

jazero

lago

les

bosque

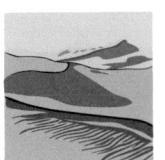

púšť

desierto

vulkán

volcán

zámok

castillo

dúha

arcoíris

hríb

champiñón

palma

palmera

komár

mosquito

mucha

mosca

mravec

hormiga

včela

abeja

pavúk

araña

chrobák

escarabajo

žaba

rana

veverička

ardilla

jež

erizo

zajac

liebre

sova

lechuza

vták

pájaro

labuť

cisne

diviak

jabalí

jeleň

ciervo

los

alce

hrádza

presa

veterná turbína

turbina eólica

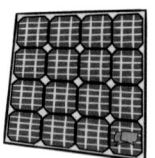

solárny panel

panel solar

podnebie

clima

reštaurácia
restaurante

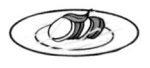

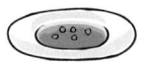

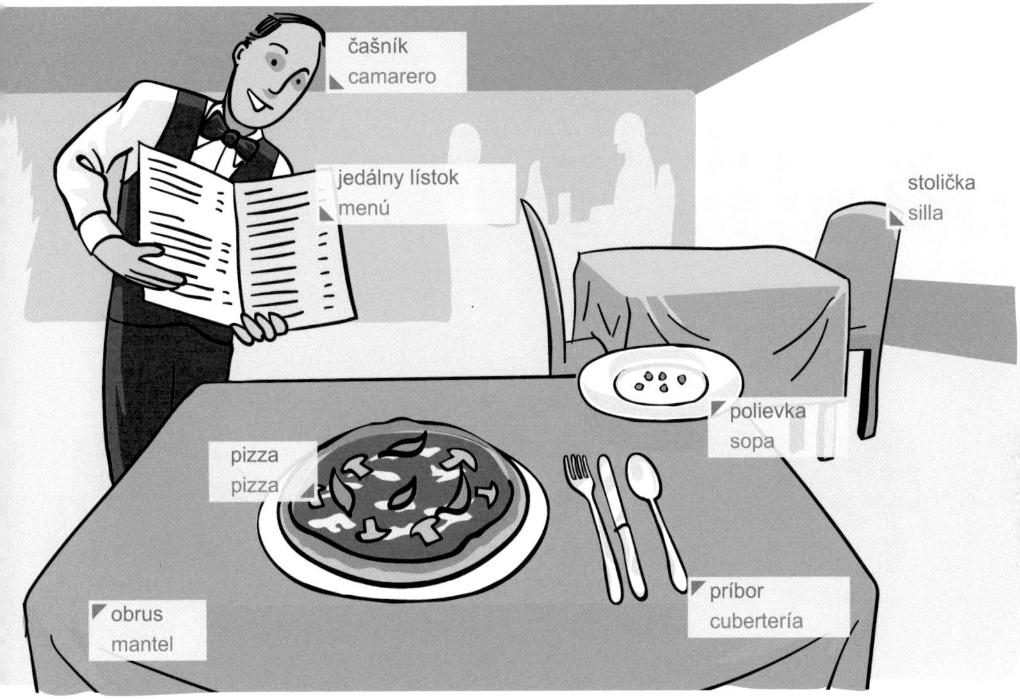

čašník
camarero
jedálny lístok
menú
stolička
silla
polievka
sopa
pizza
pizza
príbor
cubertería
obrus
mantel

predjedlo

primer plato

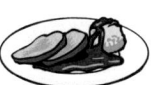

hlavné jedlo

plato principal

zákusok

postre

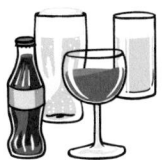

nápoje

bebidas

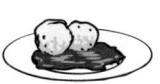

jedlo

comida

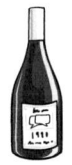

fľaša

botella

fast-food

comida rápida

street food

comida callejera

kanvica na čaj

tetera

cukornička

azucarero

porcia

porción

stroj na espresso

cafetera expreso

detská stolička

trona

účet

cuenta

podnos

bandeja

nôž

cuchillo

vidlička

tenedor

lyžica

cuchara

čajová lyžička

cucharilla

obrúsok

servilleta

pohár

vaso

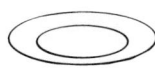

tanier

plato

hlboký tanier

plato hondo

podšálka

platillo

omáčka

salsa

soľnička

salero

mlynček na korenie

molinillo de pimienta

ocot

vinagre

olej

aceite

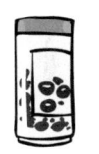

korenie

especias

kečup

ketchup

horčica

mostaza

majonéza

mayonesa

supermarket
supermercado

špeciálna ponuka
oferta especial
FOR
klient
cliente
mliečne výrobky
lácteos
ovocie
fruta
nákupný vozík
carro de la compra

BUTCHERS

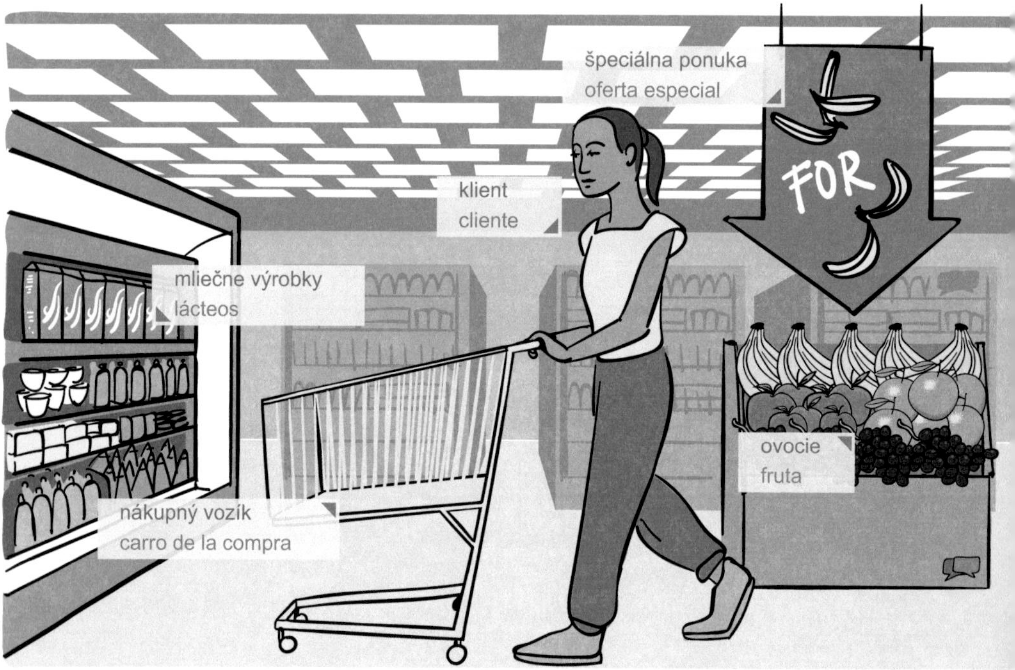

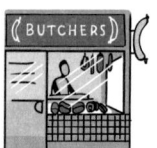

mäsiarstvo

carnicería

BAKERY

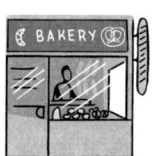

pekáreň

panadería

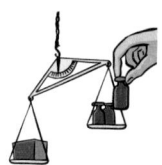

vážiť

pesar

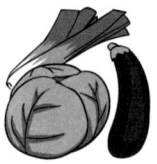

zelenina

verduras

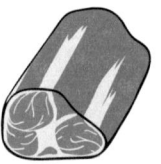

mäso

carne

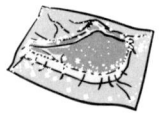

mrazené potraviny

alimentos congelados

nárez

fiambres

konzervy

conservas

prací prostriedok

detergente en polvo

sladkosti

dulces

domáce potreby

productos de uso doméstico

čistiace prostriedky

productos de limpieza

predavačka

vendedora

pokladňa

caja

pokladník

cajero

nákupný zoznam

lista de la compra

otváracie hodiny

horario de atención al público

peňaženka

cartera

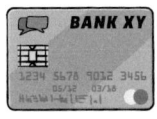

kreditná karta

tarjeta de crédito

taška

bolsa

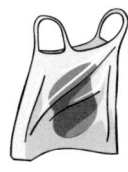

plastové vrecko

bolsa de plástico

voda
agua

džús
zumo

mlieko
leche

kola
cola

víno
vino

pivo
cerveza

alkohol
alcohol

kakao
cacao

čaj
té

káva
café

espresso
expreso

kapučíno
capuchino

banán

plátano

jablko

manzana

pomaranč

naranja

melón

melón

citrón

limón

mrkva

zanahoria

cesnak

ajo

bambus

bambú

cibuľa

cebolla

hríb

champiñón

orechy

avellanas

rezance

fideos

špagety

espagueti

ryža

arroz

šalát

ensalada

hranolky

patatas fritas

pečené zemiaky

patatas fritas

pizza

pizza

hamburger

hamburguesa

obložený chlebík

sándwich

rezeň

filete

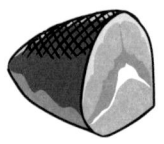

šunka

jamón

saláma

salami

klobása

salchicha

kurča

pollo

pečené mäso

asado

ryba

pescado

ovsené vločky

copos de avena

müsli

muesli

kukuričné lupienky

copos de maíz

múka

harina

croissant

cruasán

pečivo

panecillo

chlieb

pan

hrianka

tostada

sušienky

galletas

maslo

mantequilla

tvaroh

cuajada

koláč

pastel

vajce

huevo

volské oko

huevo frito

syr

queso

zmrzlina

helado

cukor

azúcar

med

miel

lekvár

mermelada

nugátová nátierka

crema de turrón

karí korenie

curry

farma
granja

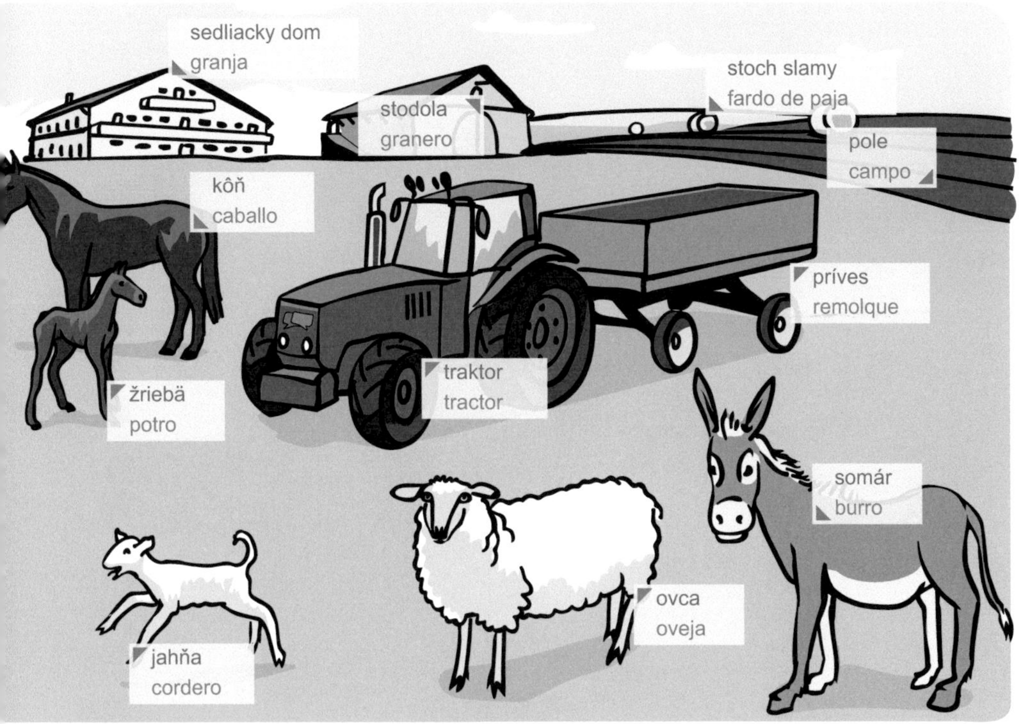
sedliacky dom
granja
stodola
granero
stoch slamy
fardo de paja
pole
campo
kôň
caballo
príves
remolque
traktor
tractor
žriebä
potro
somár
burro
ovca
oveja
jahňa
cordero

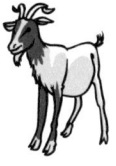

koza

cabra

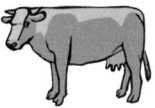

krava

vaca

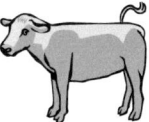

teľa

ternero

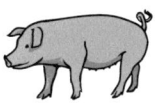

prasa

cerdo

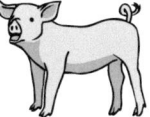

prasiatko

cerdito

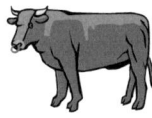

býk

toro

hus

ganso

kačica

pato

kuriatko

pollo

sliepka

gallina

kohút

gallo

potkan

rata

mačka

gato

myš

ratón

vôl

buey

pes

perro

psia búda

perrera

záhradná hadica

manguera

krhla

regadera

kosa

guadaňa

pluh

arado

kosák

hoz

motyka

azada

vidly na hnoj

horca

sekera

hacha

fúrik

carretilla

koryto

abrevadero

kanva na mlieko

lechera

vrece

saco

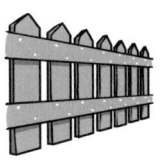

plot

valla

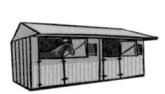

maštaľ

establo

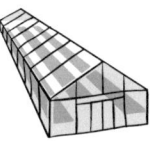

skleník

invernadero

pôda

suelo

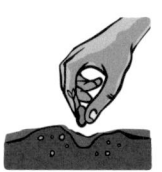

osivo

semilla

hnojivo

fertilizador

kombajn

cosechadora

žať
cosechar

žatva
cosecha

batát
ñame

pšenica
trigo

sója
soja

zemiak
patata

kukurica
maíz

repka
semilla de colza

ovocný strom
árbol frutal

maniok
mandioca

obilie
cereales

dom
casa

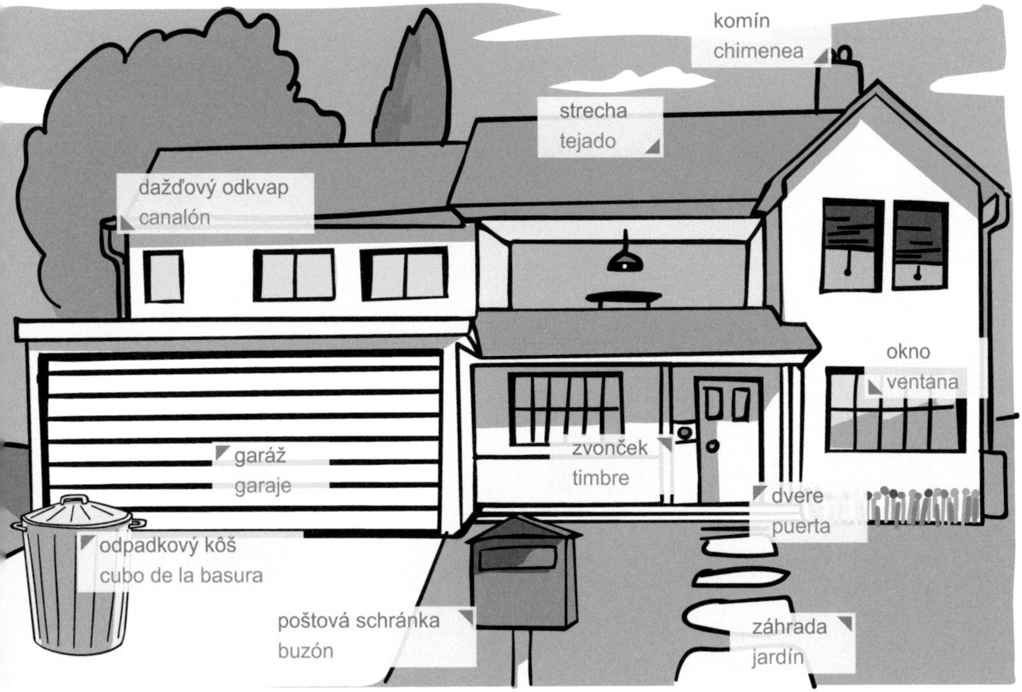
komín
chimenea
strecha
tejado
dažďový odkvap
canalón
okno
ventana
garáž
garaje
zvonček
timbre
dvere
puerta
odpadkový kôš
cubo de la basura
poštová schránka
buzón
záhrada
jardín

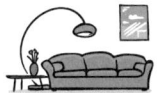

obývačka

sala

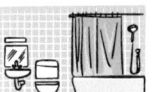

kúpeľňa

cuarto de baño

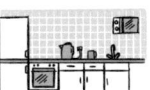

kuchyňa

cocina

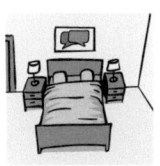

spálňa

dormitorio

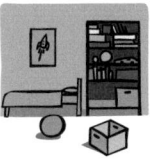

detská izba

habitación de los niños

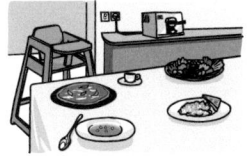

jedáleň

comedor

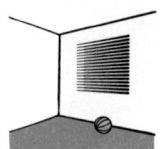

podlaha

suelo

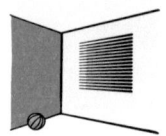

stena

pared

strop

techo

pivnica

sótano

sauna

sauna

balkón

balcón

terasa

terraza

bazén

piscina

kosačka

cortacésped

obliečka

sábana

posteľná prikrývka

colcha

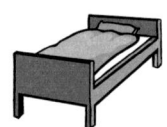

posteľ

cama

metla

escoba

vedro

balde

vypínač

interruptor

obývačka
sala

tapeta
papel pintado
obraz
imagen
lampa
lámpara
regál
estante
skriňa
armario
televízor
televisión
kozub
chimenea
kvet
flor
vankúš
cojín
pohovka
sofá
váza
jarrón
diaľkové ovládanie
mando a distancia

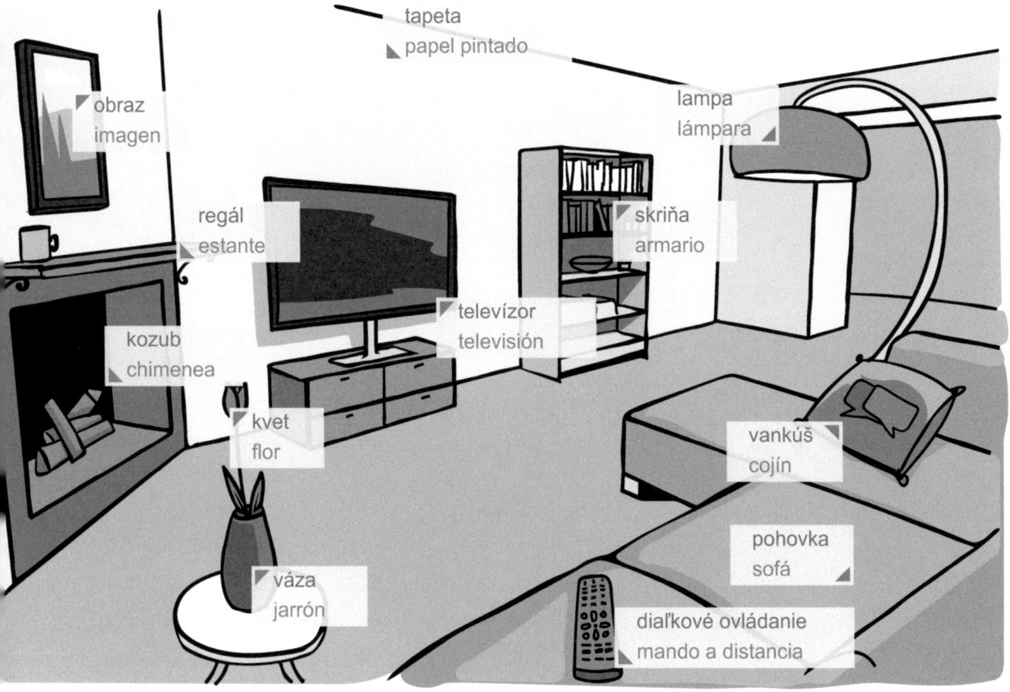

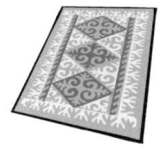

koberec

alfombra

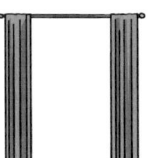

záclona

cortina

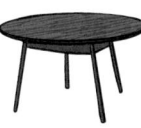

stôl

mesa

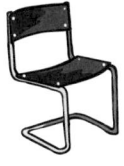

stolička

silla

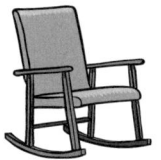

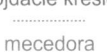

hojdacie kreslo

mecedora

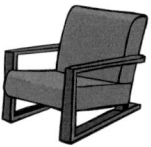

kreslo

butaca

kniha

libro

prikrývka

manta

dekorácia

decoración

drevo na kúrenie

leña

film

película

hi-fi veža

equipo de música

kľúč

llave

noviny

periódico

maľba

pintura

plagát

póster

rádio

radio

zápisník

cuaderno

vysávač

aspiradora

kaktus

cactus

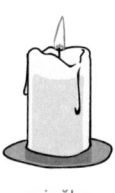

sviečka

vela

kuchyňa

cocina

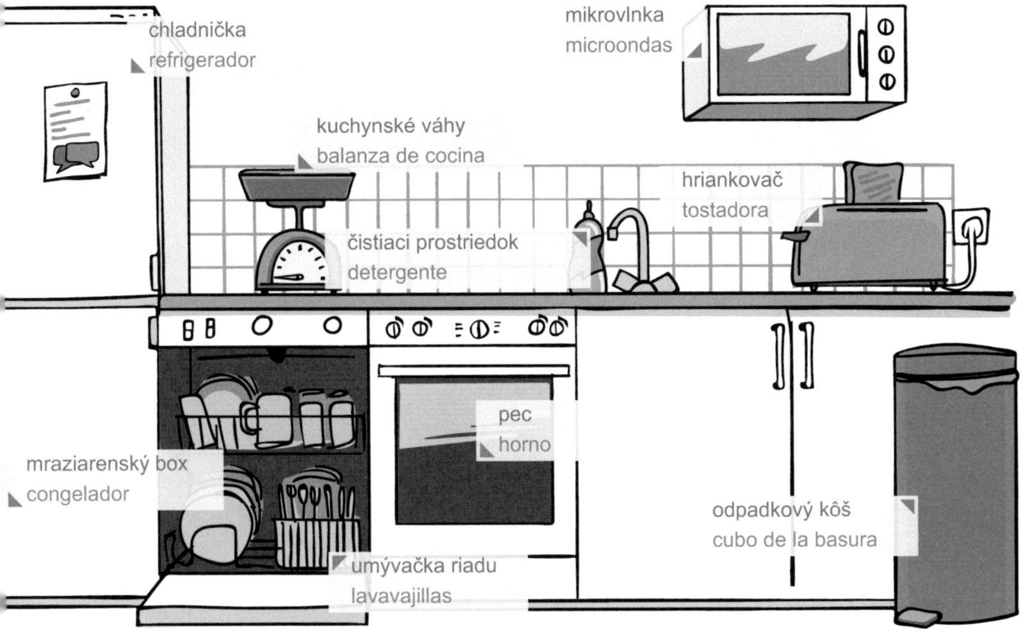

chladnička
refrigerador
mikrovlnka
microondas
kuchynské váhy
balanza de cocina
hriankovač
tostadora
čistiaci prostriedok
detergente
pec
horno
mraziarenský box
congelador
odpadkový kôš
cubo de la basura
umývačka riadu
lavavajillas

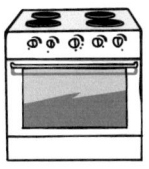

sporák
olla a presión

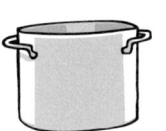

hrniec
olla

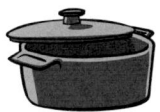

železný hrniec
olla de hierro fundido

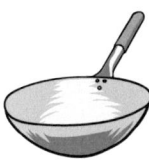

wok / kadai
wok / karahi

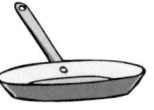

panvica
cazuela

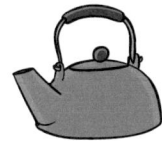

rýchlovarná kanvica
hervidor

parný hrniec

vaporera

plech na pečenie

chapa de horno

riad

vajilla

pohár

taza

misa

tazón

paličky

palillos

naberačka na polievku

cucharón

stierka

espumadera

metlička

batidor

cedidlo

colador

sitko

cedazo

strúhadlo

rallador

mažiar

mortero

gril

barbacoa

ohnisko

hoguera

doska na krájanie

tabla de picar

valček na cesto

rodillo

vývrtka

sacacorchos

konzerva

lata

otvárač na konzervy

abrelatas

chňapka

agarrador

výlevka

lavabo

kefa

cepillo

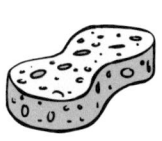

hubka

esponja

mixér

batidora

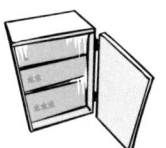

mraznička

congelador

kojenecká fľaša

biberón

vodovodný kohútik

grifo

kúpeľňa
cuarto de baño

kúrenie
calefacción
uterák
toalla
sprcha
ducha
sprchový záves
cortina de la ducha
pena do kúpeľa
baño de espuma
vaňa
bañera
pohár
vaso
práčka
lavadora
vodovodný kohútik
grifo
dlaždice
baldosas
nočník
orinal
výlevka
lavabo

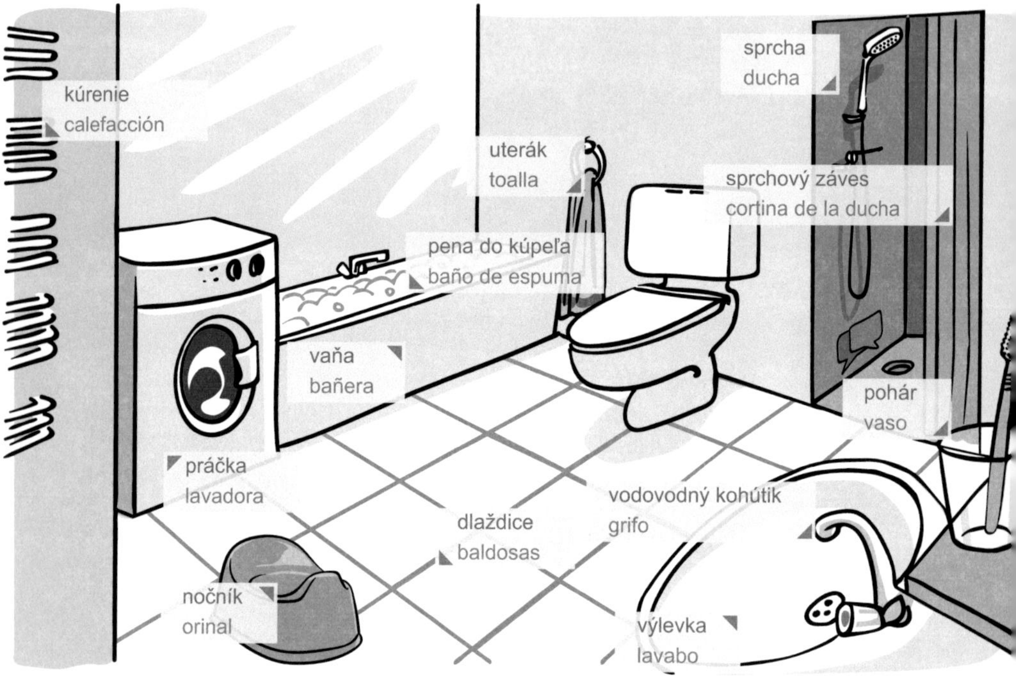

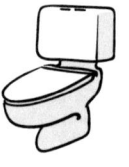

záchod
inodoro

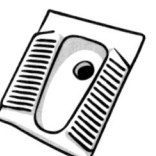

suchý záchod
inodoro rústico

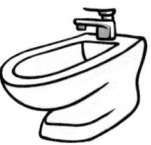

bidet
bidé

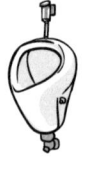

pisoár
urinario

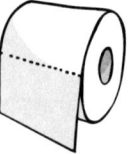

toaletný papier
papel higiénico

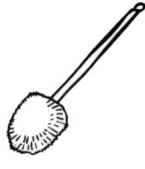

záchodová kefa
escobilla del váter

zubná kefka

cepillo de dientes

zubná pasta

pasta de dientes

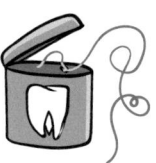

dentálna niť

hilo dental

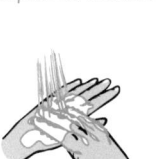

umývať

lavar

ručná sprcha

ducha de mano

sprcha pre intímnu hygienu

ducha íntima

umývadlo

pila

kefa na chrbát

cepillo de espalda

mydlo

jabón

sprchový gél

gel de ducha

šampón

champú

frotírová rukavica

toallita

odtok

desagüe

krém

crema

dezodorant

desodorante

zrkadlo

espejo

kozmetické zrkadlo

espejo de tocador

žiletka

maquinilla de afeitar

pena na holenie

espuma de afeitar

voda po holení

loción postafeitado

hrebeň

peine

kefa

cepillo

sušič vlasov

secador

sprej na vlasy

laca

make-up

maquillaje

rúž

pintalabios

lak na nechty

pintauñas

vata

algodón

nožnice na nechty

cortauñas

parfum

perfume

kozmetická taška

estuche de viaje

stolček

banqueta

váha

balanza

kúpací plášť

albornoz

gumové rukavice

guantes de goma

tampón

tampón

menštruačná vložka

compresa

chemické WC

inodoro químico

detská izba
habitación de los niños

budík
despertador
plyšová hračka
peluche
hračkárske auto
coche de juguete
hrkálka
sonajero
domček pre bábiky
casa de muñecas
dar
regalo

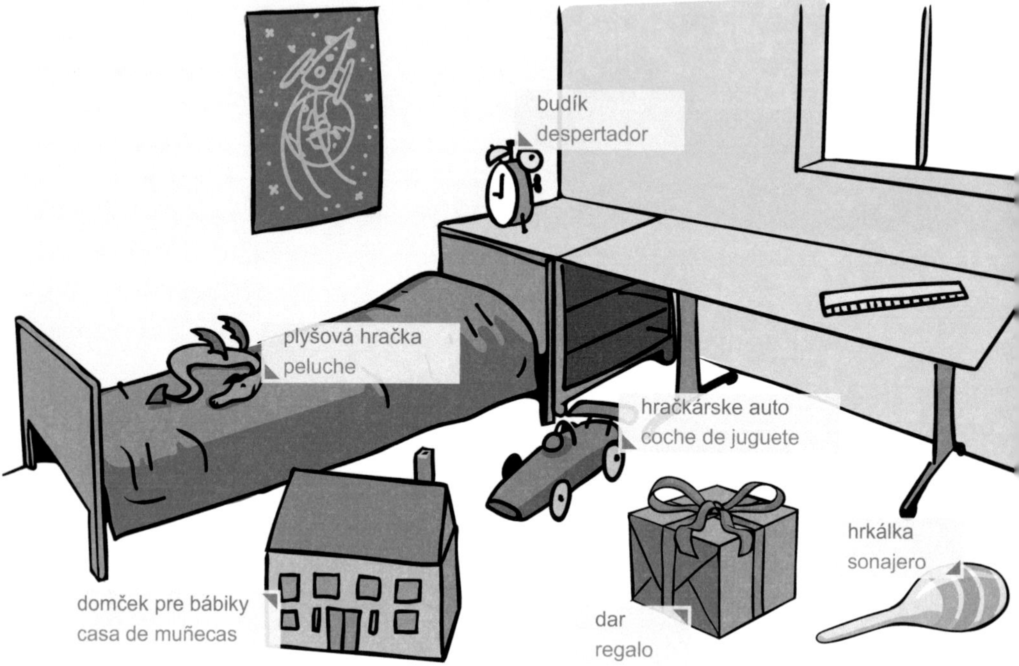

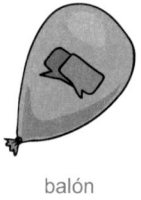

balón
globo

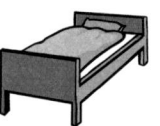

posteľ
cama

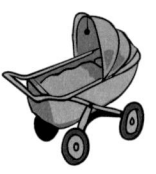

detský kočík
coche de niño

karty
naipes

puzzle
puzle

SUPER
MEGA

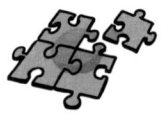

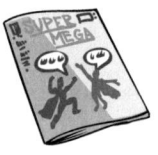

komix
tebeo

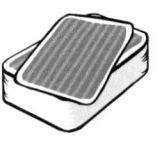

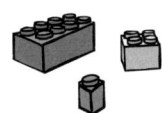

skladačka lego

piezas de lego

stavebnica

bloques de juguete

akčná postavička

figura de acción

dupačky

bodi (de bebé)

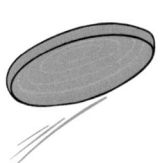

lietajúci tanier

frisbee

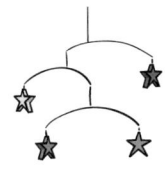

závesné hračky

colgador móvil para bebés

stolová hra

juego de mesa

kocka

dados

modelový vláčik

circuito de tren eléctrico

cumlík

maniquí

párty

fiesta

obrázková kniha

álbum de fotos

lopta

pelota

bábika

muñeca

hrať sa

jugar

pieskovisko

cajón de arena

hojdačka

columpio

hračky

juguetes

hracia konzola

videoconsola

trojkolka

triciclo

medvedík

oso de peluche

šatník

guardarropa

šatstvo

ropa

ponožky

calcetines

pančuchy

medias

pančuchové nohavičky

leotardos

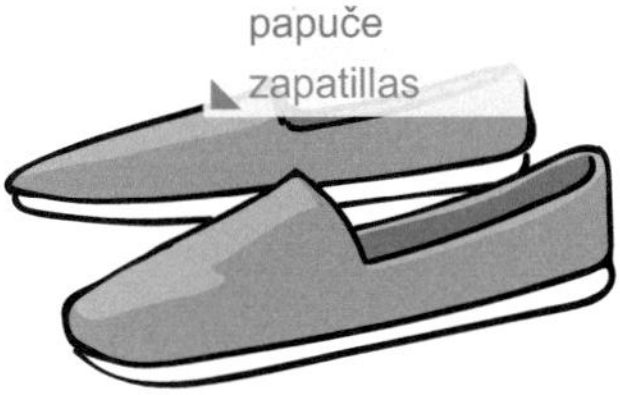

šál
bufanda

dáždnik
paraguas

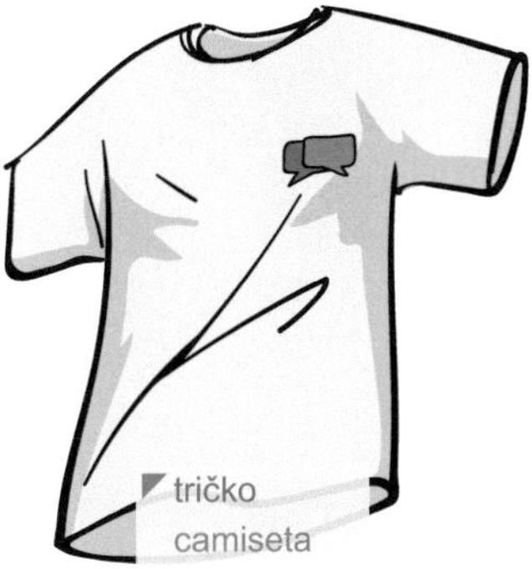

tričko
camiseta

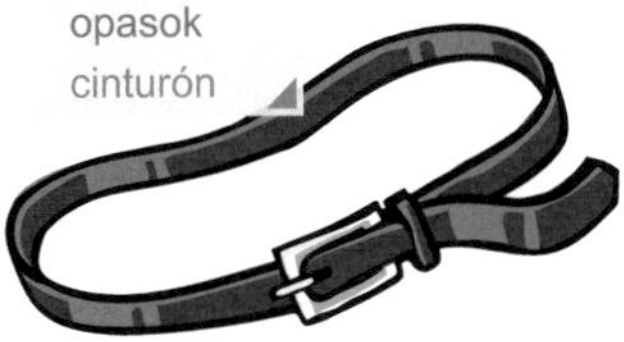

opasok
cinturón

čižmy
botas

papuče
zapatillas

tenisky
deportivas

sandále
sandalias

topánky
zapatos

gumáky
botas de goma

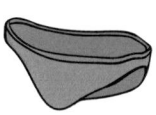

spodky
slip

podprsenka
sostén

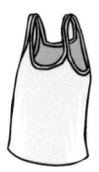

tielko
chaleco

body

bodi

nohavice

pantalones

džínsy

vaqueros

sukňa

falda

blúzka

blusa

košeľa

camisa

pulóver

jersey

sveter

suéter

blejzer

blazer

bunda

chaqueta

kabát

abrigo

pršiplášť

gabardina

kostým

traje

šaty

vestido

svadobné šaty

vestido de novia

oblek

traje

nočná košeľa

camisón

pyžamo

pijama

sari

sari

šatka na hlavu

bandana

turban

turbante

burka

burka

kaftan

caftán

abaja

abaya

dvojdielne plavky

traje de baño

plavky

bañador

šortky

pantalones cortos

tepláková súprava

chándal

zástera

delantal

rukavice

guantes

gombík

botón

okuliare

gafas

náramok

brazalete

retiazka

collar

prsteň

anillo

náušnica

pendiente

čiapka

gorra

vešiak

percha

klobúk

sombrero

kravata

corbata

zips

cremallera

prilba

casco

traky

tirantes

školská uniforma

uniforme escolar

uniforma

uniforme

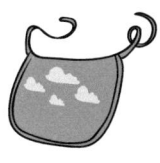

podbradník

babero

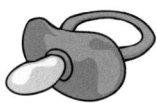

cumlík

maniquí

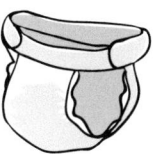

plienka

pañal

kancelária

oficina

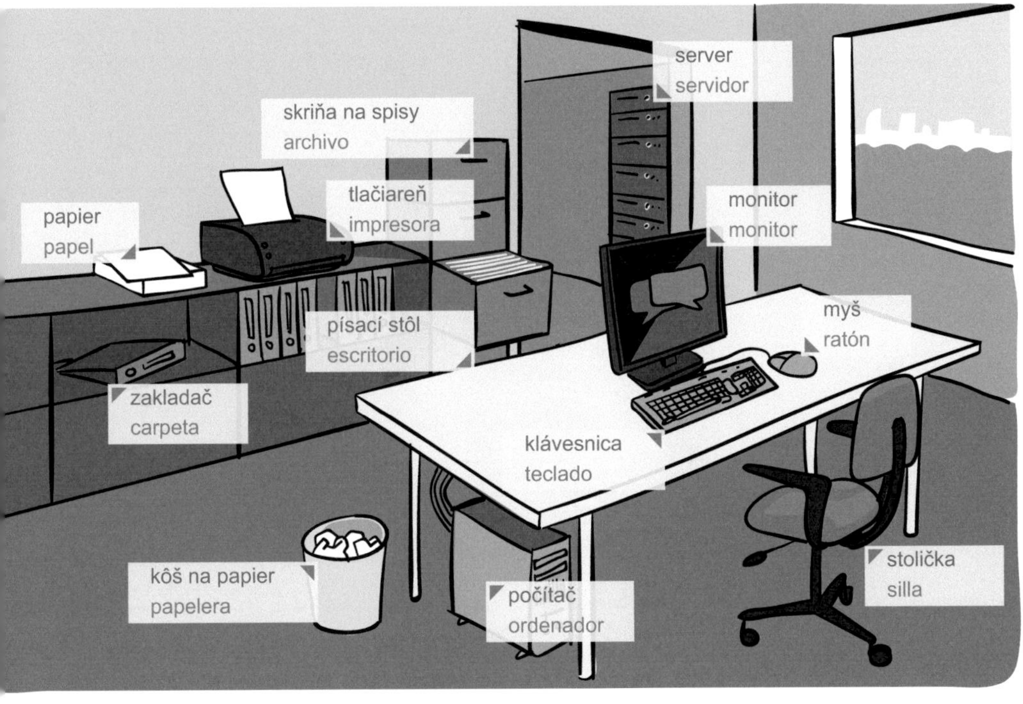
server
servidor
skriňa na spisy
archivo
tlačiareň
impresora
papier
papel
monitor
monitor
myš
ratón
písací stôl
escritorio
zakladač
carpeta
klávesnica
teclado
stolička
silla
kôš na papier
papelera
počítač
ordenador

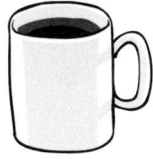

hrnček na kávu

taza de café

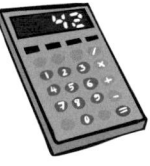

kalkulačka

calculadora

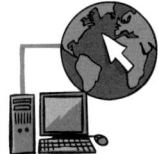

internet

internet

laptop
portátil

list
carta

správa
mensaje

mobil
móvil

sieť
red

kopírka
fotocopiadora

softvér
software

telefón
teléfono

elektrická zásuvka
toma de corriente

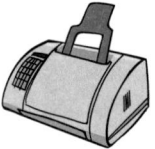

fax
fax

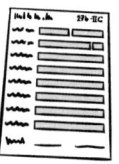

formulár
formulario

doklad
documento

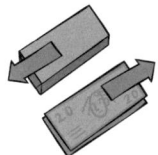

kúpiť

comprar

platiť

pagar

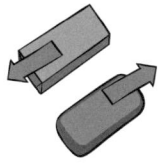

obchodovať

comerciar

peniaze

dinero

dolár

dólar

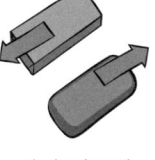

euro

euro

jen

yen

rubeľ

rublo

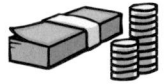

švajčiarsky frank

franco suizo

čínsky jüan

renminbi yuan

rupia

rupia

bankomat

cajero automático

zmenáreň

oficina de cambio de divisas

zlato

oro

striebro

plata

ropa

petróleo

energia

energía

cena

precio

zmluva

contrato

daň

impuesto

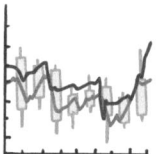

akcia

acción

pracovať

trabajar

zamestnanec

empleado

zamestnávateľ

empleador

továreň

fábrica

obchod

tienda

povolania
oficios

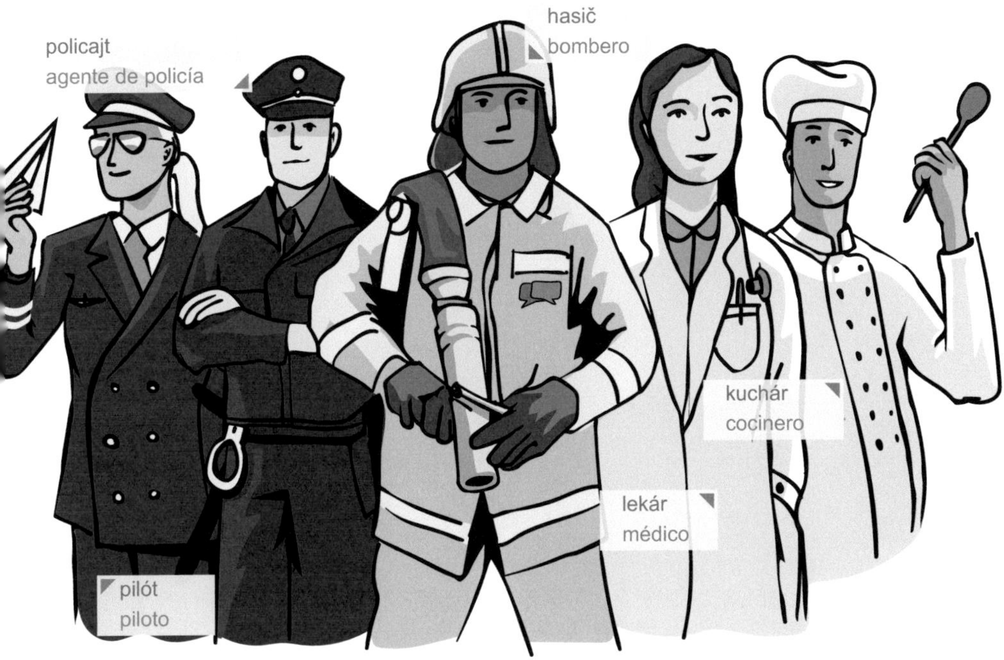
hasič
bombero
policajt
agente de policía
kuchár
cocinero
lekár
médico
pilót
piloto

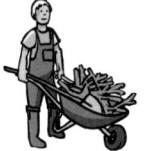

záhradník

jardinero

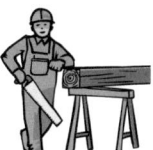

stolár

carpintero

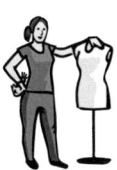

krajčírka

costurera

sudca

juez

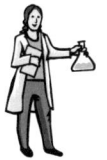

chemik

farmacéutico

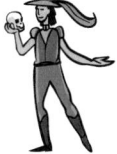

herec

actor

vodič autobusu

conductor de autobús

taxikár

taxista

rybár

pescador

upratovačka

señora de la limpieza

pokrývač

techador

čašník

camarero

poľovník

cazador

maliar

pintor

pekár

panadero

elektrikár

electricista

stavebný robotník

obrero

inžinier

ingeniero

mäsiar

carnicero

klampiar

fontanero

poštár

cartero

vojak

soldado

architekt

arquitecto

pokladník

cajero

kvetinár

florista

kaderník

peluquero

sprievodca

revisor

mechanik

mecánico

kapitán

capitán

zubár

dentista

vedec

científico

rabín

rabino

imám

imán

mních

monje

farár

sacerdote

náradie
herramientas

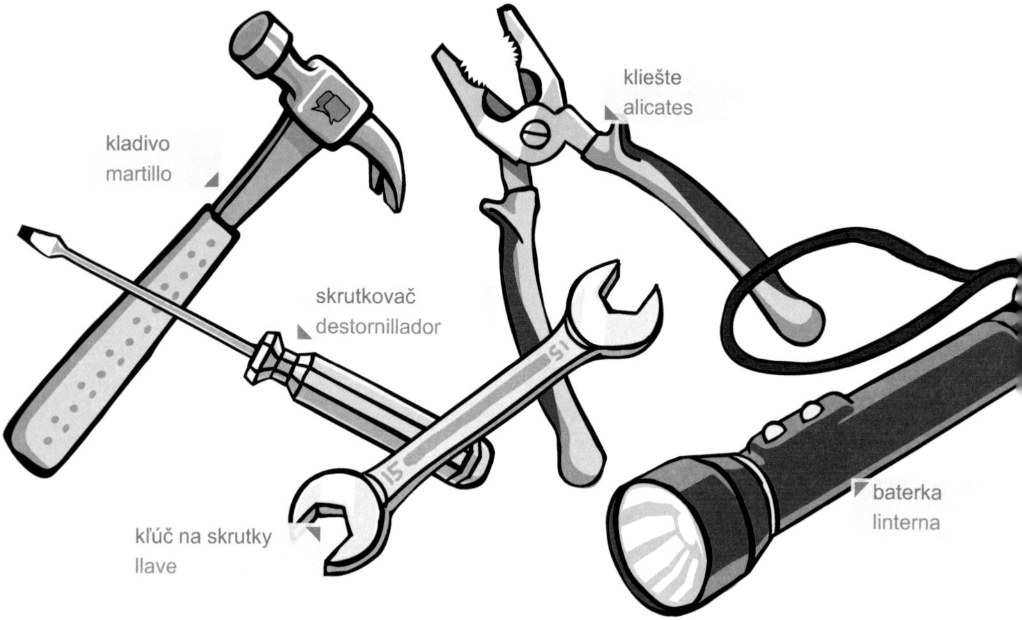
kliešte
alicates
kladivo
martillo
skrutkovač
destornillador
kľúč na skrutky
llave
baterka
linterna

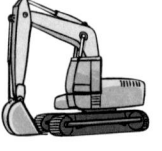

bager

excavadora

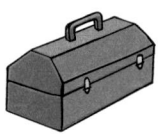

súprava náradia

caja de herramientas

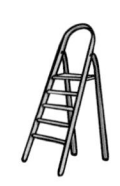

rebrík

escalera de mano

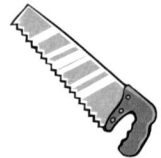

pílka

sierra

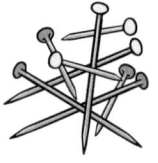

klince

clavos

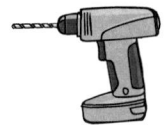

vrták

taladro

opraviť

reparar

lopata

pala

Do čerta!

¡Maldita sea!

lopatka na smeti

recogedor

nádoba s farbou

bote de pintura

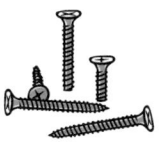

skrutky

tornillos

hudobné nástroje
instrumentos musicales

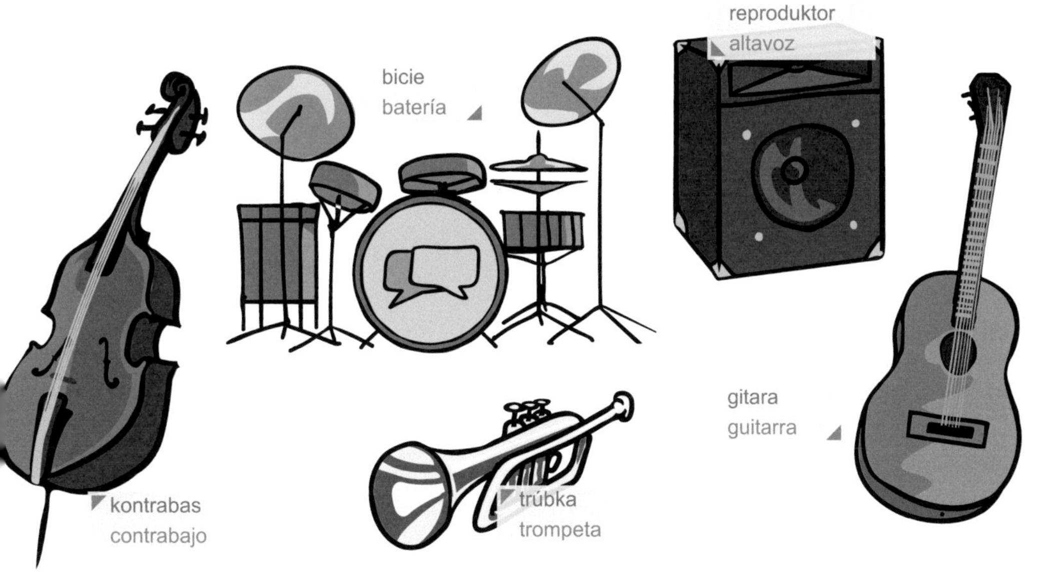

reproduktor
altavoz

bicie
batería

gitara
guitarra

kontrabas
contrabajo

trúbka
trompeta

klavír
piano

husle
violín

basa
bajo

tympany
timbales

bubon
tambor

klávesnica
teclado

saxofón
saxofón

flauta
flauta

mikrofón
micrófono

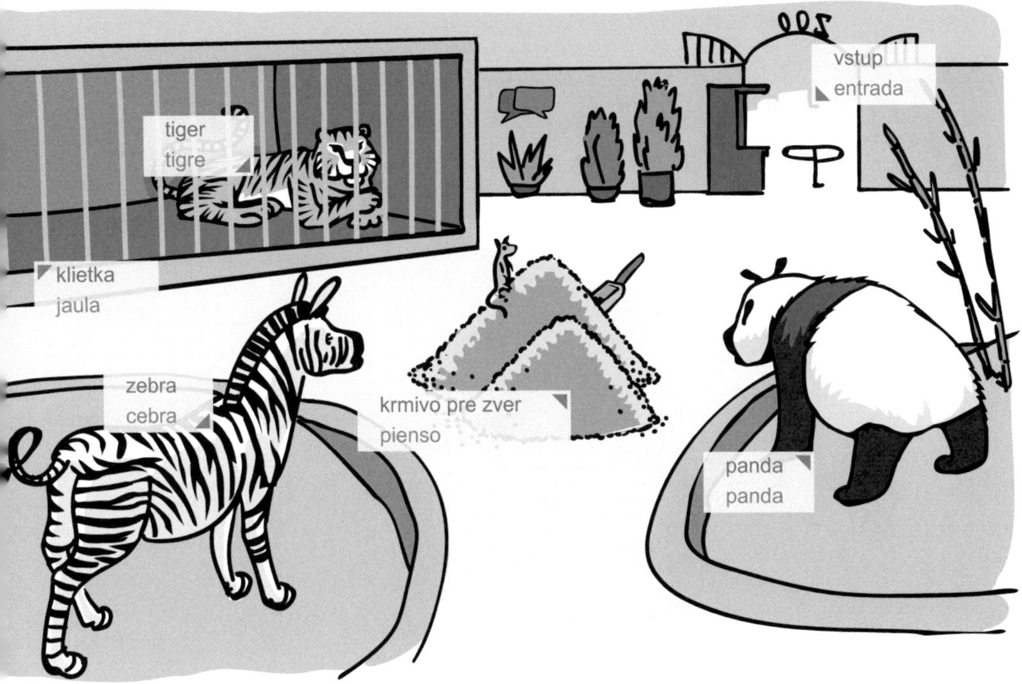

tiger
tigre

vstup
entrada

klietka
jaula

zebra
cebra

krmivo pre zver
pienso

panda
panda

zvieratá
animales

slon
elefante

klokan
canguro

nosorožec
rinoceronte

gorila
gorila

medveď
oso

ZOO - zoo

59

ťava

camello

pštros

avestruz

lev

león

opica

mono

plameniak

flamingo

papagáj

loro

ľadový medveď

oso polar

tučniak

pingüino

žralok

tiburón

páv

pavo real

had

serpiente

krokodíl

cocodrilo

ošetrovateľ v ZOO

guardián de zoológico

tuleň

foca

jaguár

jaguar

poník

poni

leopard

leopardo

hroch

hipopótamo

žirafa

jirafa

orol

águila

diviak

jabalí

ryba

pescado

korytnačka

tortuga

mrož

morsa

líška

zorro

gazela

gacela

americký futbal
fútbol americano

cyklistika
ciclismo

tenis
tenis

basketbal
baloncesto

plávanie
natación

box
boxeo

hokej
hockey sobre hielo

futbal
fútbol

bedminton
bádminton

ľahká atletika
atletismo

hádzaná
balonmano

lyžovanie
esquí

pólo
polo

aktivity
actividades

smiať sa
reír
skočiť
saltar
objať
abrazar
chodiť
caminar
spievať
cantar
snívať
soñar
modliť sa
rezar
pobozkať
besar

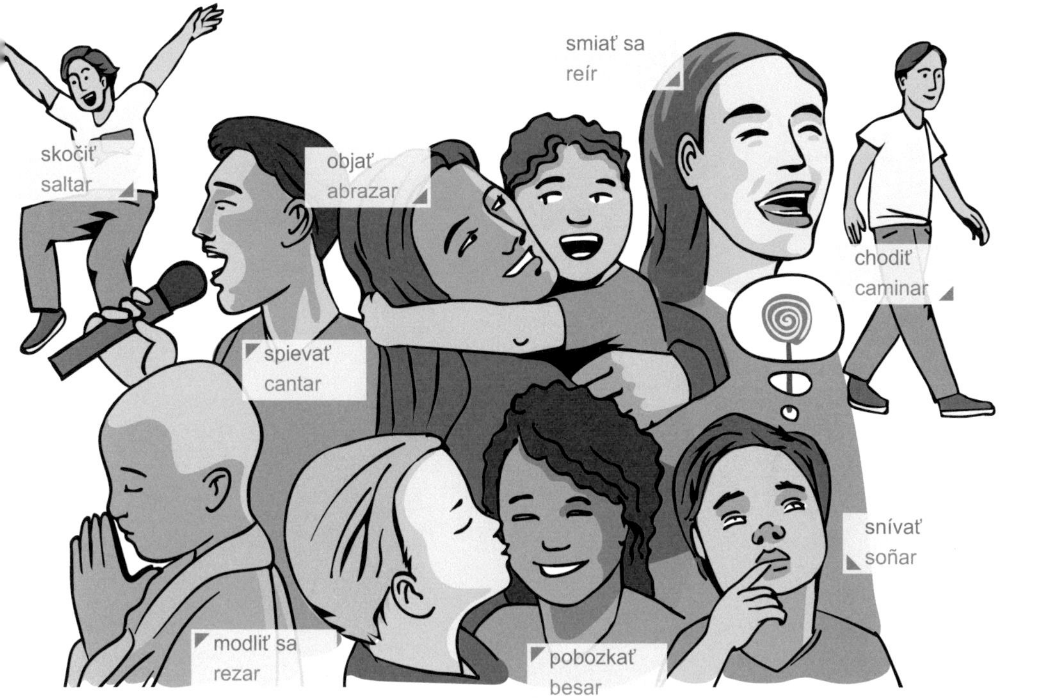

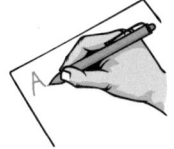

písať

escribir

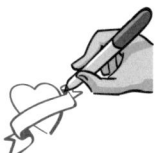

kresliť

dibujar

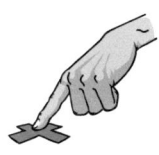

ukázať

mostrar

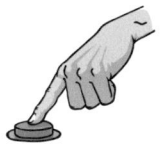

tlačiť

empujar

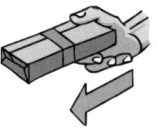

dať

dar

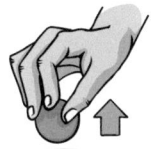

brať

tomar

mať

tener

robiť

hacer

byť

ser

stáť

estar de pie

bežať

correr

ťahať

tirar

hádzať

tirar

padnúť

caer

ležať

yacer

čakať

esperar

nosiť

llevar

sedieť

estar sentado

obliecť sa

vestirse

spať

dormir

zobudiť sa

despertar

pozerať

mirar

plakať

llorar

hladkať

acariciar

česať

peinar

hovoriť

hablar

rozumieť

entender

pýtať sa

preguntar

počuť

escuchar

piť

beber

jesť

comer

upratať

ordenar

milovať

amar

variť

cocinar

jazdiť

conducir

letieť

volar

plachtiť

navegar

počítať

calcular

čítať

leer

učiť sa

aprender

pracovať

trabajar

oženiť

casarse

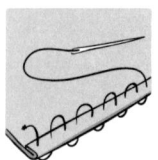

šiť

coser

čistiť zuby

cepillarse los dientes

zabiť

matar

fajčiť

fumar

poslať

enviar

rodina
familia

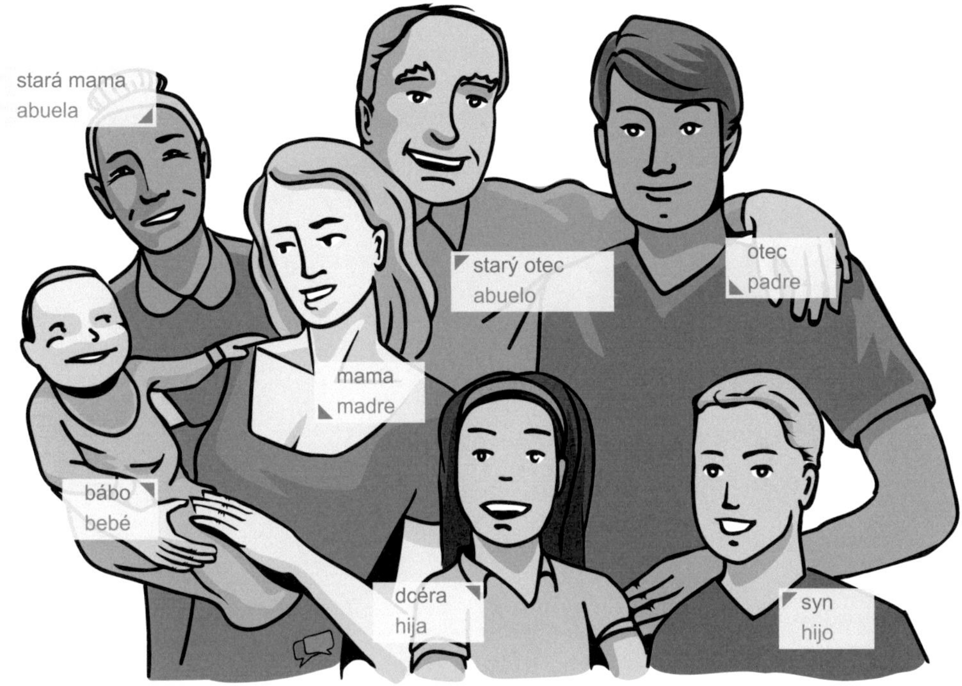

stará mama
abuela
starý otec
abuelo
otec
padre
mama
madre
bábo
bebé
dcéra
hija
syn
hijo

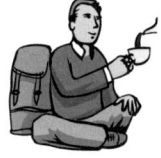

hosť

invitado

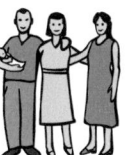

teta

tía

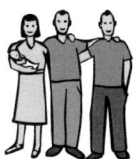

strýko

tío

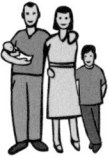

brat

hermano

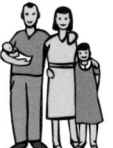

sestra

hermana

telo
cuerpo

čelo
frente
oko
ojo
plece
hombro
prst
dedo
tvár
cara
brada
barbilla
ruka
mano
hruď
pecho
noha
pierna
rameno
brazo

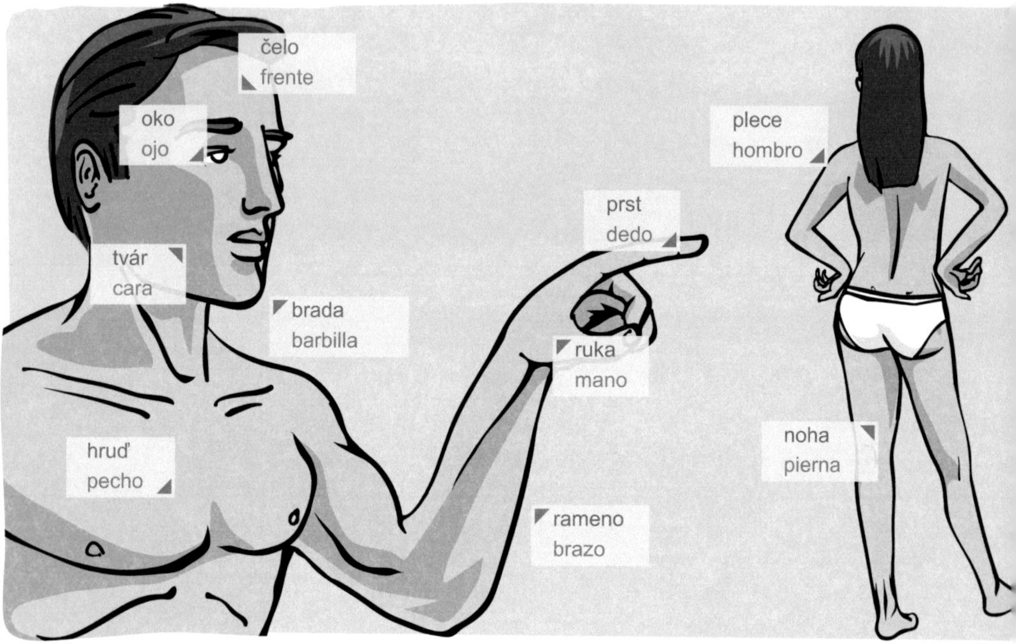

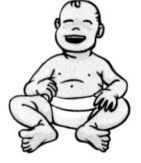

bábo

bebé

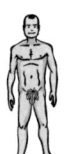

muž

hombre

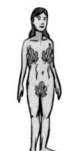

žena

mujer

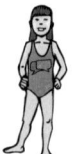

dievča

chica

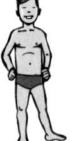

chlapec

chico

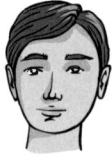

hlava

cabeza

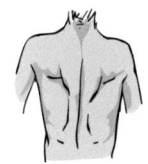

chrbát

espalda

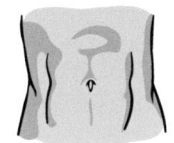

brucho

vientre

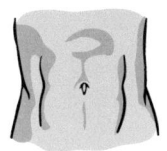

pupok

ombligo

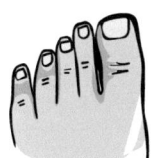

prst na nohe

dedo del pie

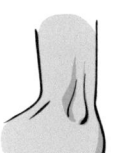

päta

talón

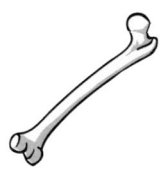

kosť

hueso

bok

cadera

koleno

rodilla

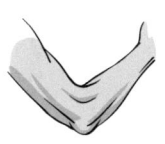

lakeť

codo

nos

nariz

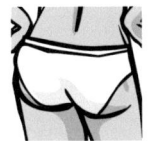

zadok

trasero

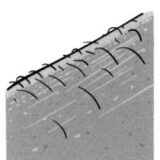

koža

piel

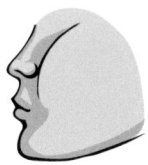

líce

mejilla

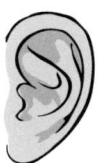

ucho

oído

pery

labio

ústa

boca

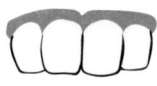

zub

diente

jazyk

lengua

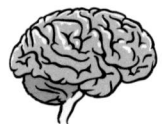

mozog

cerebro

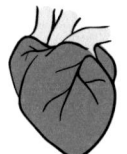

srdce

corazón

svaly

músculo

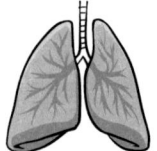

pľúca

pulmón

pečeň

hígado

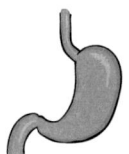

žalúdok

estómago

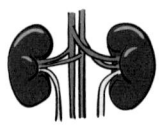

obličky

riñones

pohlavný styk

sexo

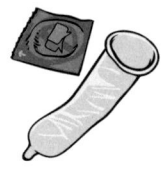

kondóm

condón

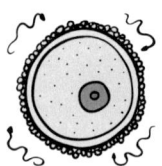

vaječná bunka

ovario

semeno

semen

tehotenstvo

embarazo

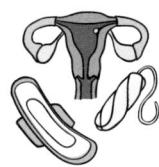

menštruácia

menstruación

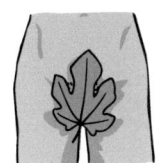

vagína

vagina

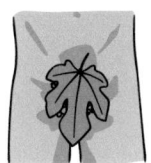

penis

pene

obočie

ceja

vlasy

pelo

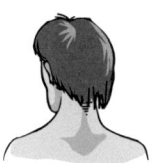

krk

cuello

nemocnica
hospital

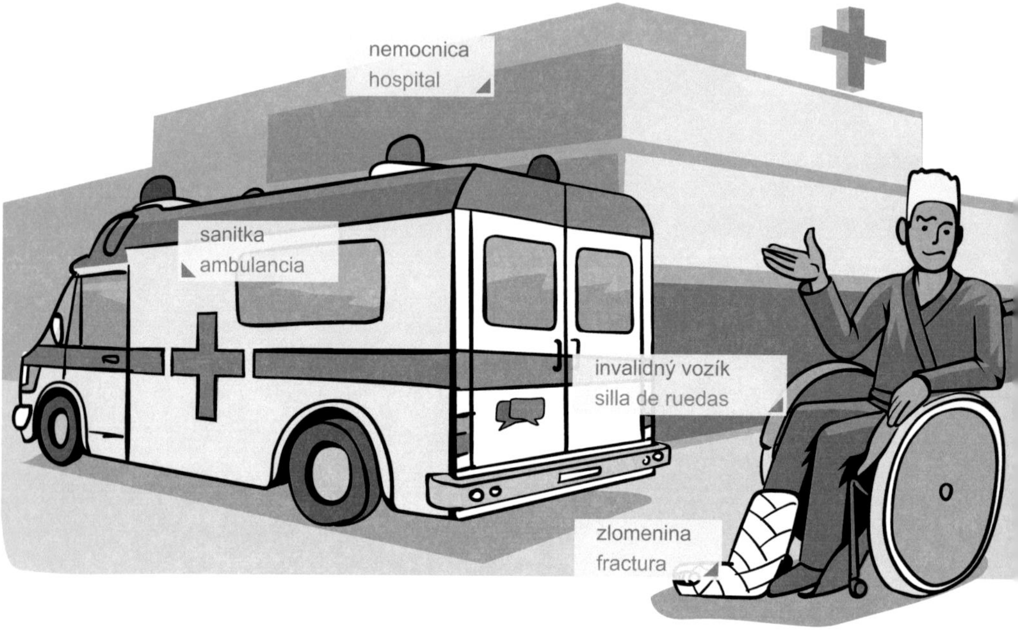

nemocnica
hospital
sanitka
ambulancia
invalidný vozík
silla de ruedas
zlomenina
fractura

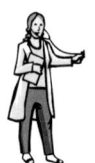

lekár

médico

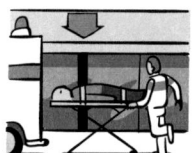

urgentný príjem

sala de urgencias

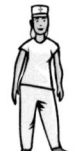

sestrička

enfermera

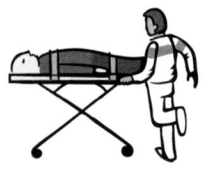

urgentný prípad

urgencia

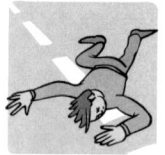

v bezvedomí

inconsciente

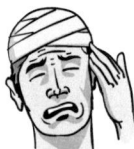

bolesť

dolor

zranenie

lesión

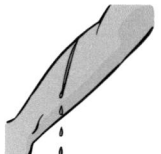

krvácanie

hemorragia

srdcový infarkt

infarto

mozgová porážka

ictus

alergia

alergia

kašeľ

tos

teplota

fiebre

chrípka

gripe

hnačka

diarrea

bolesť hlavy

dolor de cabeza

rakovina

cáncer

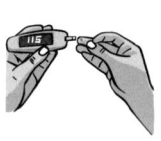

cukrovka

diabetes

chirurg

cirujano

skalpel

bisturí

operácia

operación

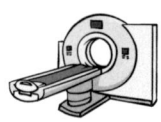

CT
TAC

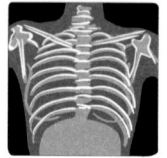

RTG
rayos x

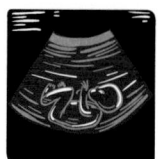

ultrazvuk
ultrasonido

maska
mascarilla

choroba
enfermedad

čakáreň
sala de espera

barla
muleta

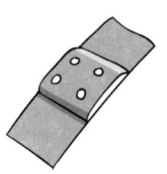

náplasť
tirita

obväz
venda

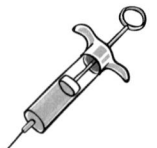

injekcia
inyección

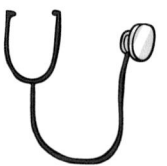

fonendoskop
estetoscopio

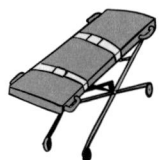

nosidlá
camilla

teplomer
termómetro

pôrod
nacimiento

nadváha
sobrepeso

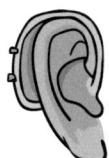

audiofón

audífono

dezinfekčný prostriedok

desinfectante

infekcia

infección

vírus

virus

HIV / AIDS

VIH / SIDA

medicína

medicina

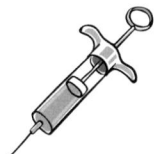

očkovanie

vacunación

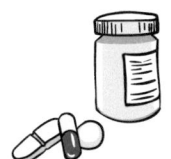

tabletky

tabletas

antikoncepčná pilulka

pastilla

tiesňové volanie

llamada de urgencia

tlakomer

tensiómetro

chorý / zdravý

enfermo / sano

Pomoc!

¡Socorro!

alarm

alarma

prepad

asalto

útok

ataque

nebezpečenstvo

peligro

núdzový východ

salida de emergencia

Horí!

¡Fuego!

hasičský prístroj

extintor de incendios

nehoda

accidente

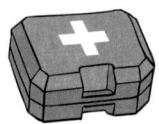

kufrík prvej pomoci

botiquín de primeros
auxilios

SOS

SOS

polícia

policía

Európa

Europa

Severná Amerika

Norteamérica

Južná Amerika

Sudamérica

Afrika

África

Ázia

Asia

Austrália

Australia

Atlantický oceán

Atlántico

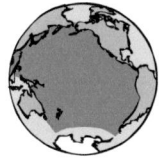

Tichý oceán

Pacífico

Indický oceán

Océano Índico

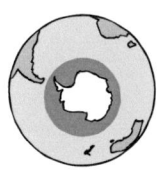

Južný oceán

Océano Antártico

Severný ľadový oceán

Océano Ártico

Severný pól

polo norte

Južný pól

polo sur

Antarktída

Antártida

Zem

tierra

krajina

tierra

more

mar

ostrov

isla

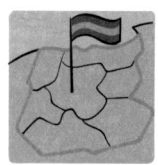

národ

nación

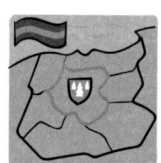

štát

estado

ciferník

esfera

hodinová ručička

manecilla de las horas

minútová ručička

minutero

sekundová ručička

segundero

Koľko je hodín?

¿Qué hora es?

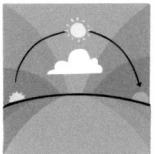

deň

día

čas

tiempo

teraz

ahora

digitálne hodiny

reloj digital

minúta

minuto

hodina

hora

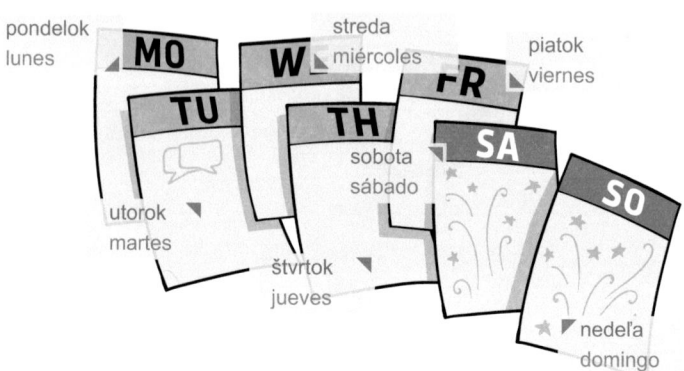

pondelok
lunes

streda
miércoles

piatok
viernes

utorok
martes

štvrtok
jueves

sobota
sábado

nedeľa
domingo

včera
ayer

dnes
hoy

zajtra
mañana

ráno
mañana

poludnie
mediodía

večer
tarde

MO	TU	WE	TH	FR	SA	SU
1	2	3	4	5	6	7
8	9	10	11	12	13	14
15	16	17	18	19	20	21
22	23	24	25	26	27	28
29	30	31	1	2	3	4

pracovné dni
días laborables

MO	TU	WE	TH	FR	SA	SU
1	2	3	4	5	6	7
8	9	10	11	12	13	14
15	16	17	18	19	20	21
22	23	24	25	26	27	28
29	30	31	1	2	3	4

víkend
fin de semana

dážď
lluvia

dúha
arcoíris

sneh
nieve

vietor
viento

jar
primavera

leto
verano

jeseň
otoño

zima
invierno

4.APRIL	11°	☀
5.APRIL	4°	🌦
6.APRIL	13°	☁
7.APRIL	8°	☀
8.APRIL	10°	☀

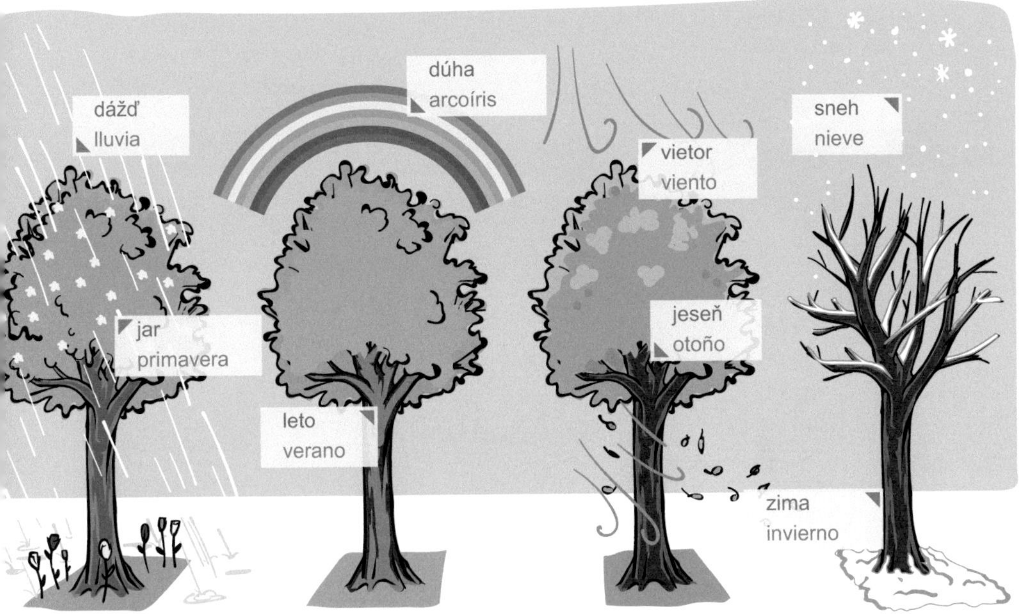

predpoveď počasia
....
pronóstico del tiempo

teplomer
....
termómetro

slnečný svit
....
sol

oblak
....
nube

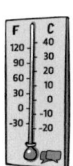

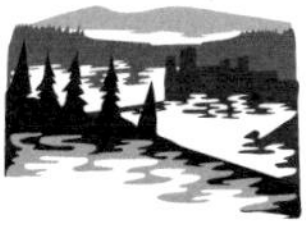

hmla
....
niebla

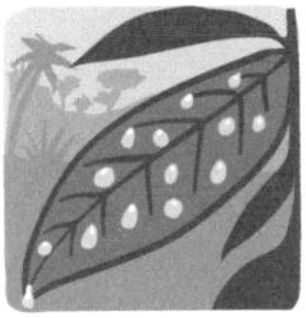

vlhkosť vzduchu
....
humedad

blesk

rayo

hrom

trueno

búrka

tormenta

krúpy

granizo

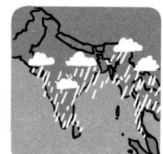

monzún

monzón

záplava

inundación

ľad

hielo

január

enero

február

febrero

marec

marzo

apríl

abril

máj

mayo

jún

junio

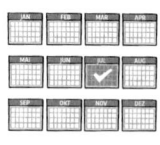

júl

julio

august

agosto

september
septiembre

október
octubre

november
noviembre

december
diciembre

tvary
formas

kruh
círculo

štvorec
cuadrado

obdĺžnik
rectángulo

trojuholník
triángulo

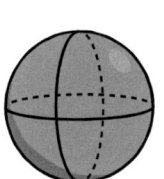

guľa
esfera

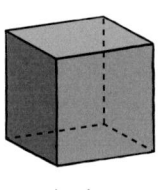

kocka
cubo

biela
....
blanco

žltá
....
amarillo

oranžová
....
anaranjado

ružová
....
rosa

červená
....
rojo

fialová
....
morado

modrá
....
azul

zelená
....
verde

hnedá
....
marrón

šedá
....
gris

čierna
....
negro

veľa / málo

mucho / poco

zúrivý / pokojný

enojado / tranquilo

pekný / škaredý

bonito / feo

začiatok / koniec

principio / fin

veľký / malý

grande / pequeño

svetlý / tmavý

claro / oscuro

brat / sestra

hermano / hermana

čistý / špinavý

limpio / sucio

úplný / neúplný

completo / incompleto

deň / noc

día / noche

mŕtvy / živý

muerto / vivo

široký / úzky

ancho / estrecho

chutný / nechutný

comestible / no comestible

zlostný / láskavý

malo / amable

vzrušený / unudený

entusiasmado / aburrido

tlstý / chudý

gordo / delgado

prvý / posledný

primero / último

priateľ / nepriateľ

amigo / enemigo

plný / prázdny

lleno / vacío

tvrdý / mäkký

duro / blando

ťažký / ľahký

pesado / ligero

hlad / smäd

hambre / sed

chorý / zdravý

enfermo / sano

nelegálny / legálny

ilegal / legal

inteligentný / hlúpy

inteligente / tonto

vľavo / vpravo

izquierda / derecha

blízko / ďaleko

cerca / lejos

nový / použitý

nuevo / usado

nič / niečo

nada / algo

starý / mladý

viejo / joven

zapnuté / vypnuté

encendido / apagado

otvorené / zatvorené

abierto / cerrado

tichý / hlasný

silencioso / ruidoso

bohatý / chudobný

rico / pobre

správne / nesprávne

correcto / incorrecto

drsný / hladký

áspero / suave

smutný / šťastný

triste / contento

krátky / dlhý

corto / largo

pomaly / rýchlo

lento / rápido

mokrý / suchý

húmedo / seco

teplý / studený

cálido / frío

vojna / mier

guerra / paz

0

nula

cero

1

jeden

uno

2

dva

dos

3

tri

tres

4

štyri

cuatro

5

päť

cinco

6

šesť

seis

7

sedem

siete

8

osem

ocho

9

deväť

nueve

10

desať

diez

11

jedenásť

once

12

dvanásť

doce

13

trinásť

trece

14

štrnásť

catorce

15

pätnásť

quince

16

šestnásť

dieciséis

17

sedemnásť

diecisiete

18

osemnásť

dieciocho

19

devätnásť

diecinueve

20

dvadsať

veinte

100

sto

cien

1.000

tisíc

mil

1.000.000

milión

millón

angličtina

inglés

americká angličtina

inglés americano

mandarínska čínština

chino mandarín

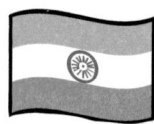

hindčina

hindi

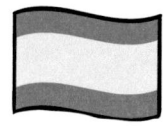

španielčina

español

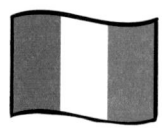

francúzština

francés

arabčina

árabe

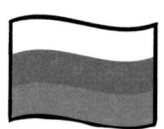

ruština

ruso

portugalčina

portugués

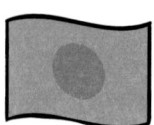

bengálčina

bengalí

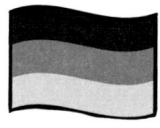

nemčina

alemán

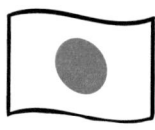

japončina

japonés

ja
yo

ty
tú

on/ona/ono
él / ella / ello

my
nosotros/as

vy
vosotros/as

oni
ellos/as

kto?
¿quién?

čo?
¿qué?

ako?
¿cómo?

kde?
¿dónde?

kedy?
¿cuándo?

meno
nombre

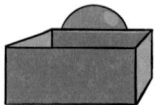

za

detrás

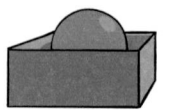

v

en

pred

delante de

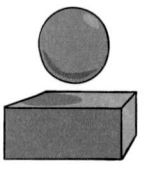

nad

por encima de

na

sobre

pod

debajo de

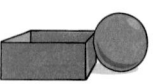

vedľa

junto a

medzi

entre

miesto

lugar